JN441186

패랭이 연가

패랭이 연가

엄희순 시집

사라지지 않는 것은
작고 조용하며 꺾이지 않는다.

세종출판사

시인의 말

전나무에 하얀 눈꽃이 피었습니다.
앞만 보고 달리다 멈춰 선 길에
늦깎이 꽃이 찬바람에 떨고 있습니다.
패랭이꽃은 화려하지는 않지만,
바람과 햇살이 머무는 자리에 피어납니다.
그 작고 조용한 꽃 앞에 잠시 서성입니다.
사랑은 꺾이지 않는 마음입니다.
가랑잎이 구르는 소리처럼,
산사에 이르는 굽은 길처럼,
조용히 다가와 등불을 켭니다.
이 시들은,
그런 순간의 숨결 따라 흘러든 연서戀書입니다.
지나간 것은 그리움이 되고
그리움은 한편의 시가 되었습니다.
지도해 주신 정영자 교수님께 감사를 전합니다.

이천이십육년 정월

엄희순

1부 바람 속으로

2부 풍경이 머문 자리

3부 기억의 저편

4부 낮은 곳으로

1부

바람 속으로

바람 속을 걸으면 어느샌가 매듭은 풀어지고
앞서거니 뒤서거니 한 줄기 빛을 전하네.

패랭이 연가

산바람 스쳐 가는 낮은 언덕에
고운 입술 하나 열렸네.

작고 단단하여
바람에 흔들려도
꺾이지 않는 미소

한점으로 피어난 작은 꽃잎
햇살보다 먼저 깨어나고
들꽃 사이로 숨는다.

손톱만 한 꽃송이
낮게 속삭이며
사랑은,
사라지지 않는 거라고

인생은 바람같이
잡으려 하면 멀어지고
잊으려 하면 향기로 남는다고.

동백은 피고

찬바람 불면,
기품 있는 푸른 잎사귀
단아한 봉오리 맺어
선홍색 핏빛으로 피어난다.

그대 향한 열정과 사랑은
붉디붉은 꽃잎 되어 불타오르고
노란 속살은 수줍어하네.

앙증맞은 애기 꽃잎
겹겹이 소망 올려
매운바람에 볼 부빈다.

발밑에 툭,
뭉텅 떨어지는 꽃송이
질펀하고 낭자한 사랑
동박새 날갯짓 애달프기도 하여라.

수영강의 아침

어슴푸레 밝아오는 아침
잔잔한 물결이 흐른다.

억새는 꽃대 올리고
앙증맞은 나팔꽃 인사하면
풀벌레 소리 요란하다.

유유히 흐르는 강물 위로
힘찬 숭어들의 뜀박질
빼끔빼끔 유영하는 잉어 떼

풀숲에서 들썩이는 소리
가마우지의 힘찬 자맥질
물새는 물수제비를 뜬다.

쿨럭이는 강물 따라
아침을 여는 사람들
햇살이 내려와 물살을 가른다.

벚꽃

봄비, 촉촉이 내리면
마알간 꽃망울이 움튼다.

들썩이며 재촉하는 바람은
여린 꽃잎 흔들고
톡톡, 앞다투어 피었다.

어디서 왔을까,
이 여린 꽃잎은
하늘거리는 속살 머금고
방긋 웃고 있네.

눈부신 꽃송이
온통 하얀 세상
작은 새는 날갯짓 분주하고
분홍빛 마음은 요정되어 머문다.

능수버들 벚꽃 그늘에 서면
환한 미소 짓던 그님 생각나
한참을 올려다보았다.

합천 벚꽃길

벚꽃잎 살랑살랑 춤추니
꽃샘바람 시샘하네.

시린 바람 헤치고 기지개 켜는 여린 꽃잎
드디어 터지니, 하얗게 옷 입었네.

몽실몽실 물결 따라
하늘하늘 벚꽃길

발밑에 노란 민들레,
별에서 온 개나리,
흰 무리 조팝나무,
수줍은 복사꽃 어여뻐라.

황강은 봄볕 따라 흐르고
늘어진 버들가지에 푸른빛 돌면
구름모자 쓰고 소곤대는 꽃잎들,

백 리 길 달리며
말갛게 씻기는
세상일 돌아본다.

꽃비

나풀나풀 꽃잎이
비가 되어 내린다.

포르르, 구르는 꽃잎
나그네 되어
옹기종기 모였다.

시샘하던 바람이
밭이랑에, 산길에
떨궈놓고 도망간다.

잎새에 밀려난 꽃잎은
바람 속을 맴돌며
정처 없이 떠돈다.

여린 잎새

하얗게 웃는 꽃잎
꽃받침에 밀려나
여린 새싹 되었네.

키 재기 하는 잎새
허리춤에 매달려
푸른 꿈 키운다.

봄햇살 간지럼 태우고
싱그런 바람이 쓸어주면
팔랑대며 눈망울 굴리고

까마득한 가지 바라보다
작은 새 찾아들면
고목은 하늘 높은 줄 모른다.

서운암 꽃축제

영축산 사자바위 초록 하품하고
이팝나무 살랑이면
들꽃 공양 펼쳐진다.

식솔 거느린 금낭화,
함박웃음 불두화,
황매화가 꽃그늘 만들면
서운암 공작새 마중나온다.

시화로 물든 언덕
가슴 뛰는 시어 넘치고
사자춤에 흥겨운 풍악 소리

하얀 고깔 쓰고
나빌레라 춤추는 문인들
찬불가 산자락 물들이면
햇살과 어머니 시제 펼쳐지네.

장경각 물소리에 녹아든 햇살
고래가 춤추는 자갈마당
도자 대장경은 푸른숨 고른다.

찻잎

이슬 머금은 새싹
눈망울 또롱 굴리며
새벽을 맞는다.

새소리 고운 산자락
동백은 나뒹굴고
오도카니 기다리는 우전 찻잎

열기에 살청하고
비비고 유념하여
향기 더하면
가늘어져 꼬들꼬들해진다.

누가 훔쳐 갔나,
그 많던 찻잎
한없이 작아졌네.

둘러앉아 마시는 첫차
봄햇살 사르르 녹아든다.

차향을 맡으며

톡톡,
찻잎 따는 소리
손끝에 진한 향 묻어나고

자욱이 밀려드는
산자락 맑은 공기에
심신도 멱을 감는다.

두런두런 고운님 모여
비비고 덖어
손맛, 불향 입혀내니
맑고 고운 차

쪼~로록
내리는 찻잔 속에
푸른 하늘 펼쳐진다.

나무 의자

눈부신 초록 숲에
오솔길 따라 이어지는 산마루

깔딱 고개 넘으면
한숨, 쉬어가라 삐걱대는 나무 의자.

산벚꽃 내려앉고
산새도 찾아들고
비바람 구름이 쓸어간 흔적 있네.

발밑에 노란 양지꽃,
등 뒤로 철쭉 울타리,
산자락에 감기는 능선 따라
번져가는 신록의 아우성

저 멀리 수평선 바라보며
나도 세상일 등지고 앉았어라.

그대에게

하얀꽃비 나풀나풀 내리고
긴 생머리 날리던 날
봄볕으로 다가온 그대

다리가 되고
울타리 되어
별도 달도 따 준다는 말에
애틋하여 따라나섰네.

곱고, 미운 정 넘나들고
황소고집 뚝뚝하고 무심하지만
돌아보면 그래도 내 편.

어느새, 잔주름 자글자글하고
머리엔 백발이 성성
잠든 얼굴 가만 보니 안쓰럽네.

구름에 달 가듯이 가는 인생길
등나무 그늘에 잠시 쉬었다 가세.

접시꽃 당신

접시꽃이 피었다.
장독대에 담장 아래
하얗게, 발갛게

후드득, 빗방울 듣으면
옥수숫대 흔들리는 소리

안개비 내리고
비바람 불어도
밭이랑과 한 몸이던 당신.

가방 내던지고
찾아나서면

진흙 신발 툭툭 털며
어서 가그라,
환한 미소 짓던 당신.

오늘도
접시꽃 앞에 마주 섭니다.

털머위

싸늘한 바람 불어와
가랑잎 비행하면
노랗고 뽀얀 숨결 고른다.

우악스러운 바람이 흔들어도
꽃대 사이 잎맥 올려
별꽃 웃음 짓고 있네.

둥글고 넓적한 푸른 잎
무덥던 날 거뜬히 이겨내고
잔털 송송 달았구나.

찬바람 일면
따뜻한 미소 건네는
꿋꿋한 사랑 맹세

낙엽 따라 춤추며
노란 꽃등 켠다.

김홍도의 하화청정荷花蜻蜓

붉은 꽃잎에 스치는 바람의 향기
연잎의 푸른 속삭임
맑고 고요한 숨소리 담고 있네.

잠자리 한 쌍 날아들어
노란 햇살에 춤추며
고귀한 생명을 노래하네.

여린 꽃망울 피어나
고운 꽃잎 떨구고
여름의 꿈을 접고 바스러지는 연잎
연밥의 달콤한 추억이여

세찬 물결 흔들려도
기품 안고
고고하게 피어나는 연꽃

김홍도의 섬세한 붓끝에서 피어난 연씨는
연자되어 희망을 노래한다.

바람의 노래

산마루, 이마 쓸어주고
강물의 숨결 일으키며
풀잎을 흔들어 깨우고
길 떠난다.

바람 속을 걸으면
어느샌가 매듭은 풀어지고
앞서거니 뒤서거니
한 줄기 빛을 전하네.

가벼운 날갯짓
머무름은 짧게
그리움이 화살처럼
창가에 머물면

대답 없는 바람이여,
흩어진 생각 모일 때까지
흔들지 말고 멈추어다오.

가을이 오는 소리

하늘빛이 고운 날
구름이 수채화를 그린다.

억새는 꽃술 올리고
산길에 떨어진 보라색 칡꽃,
물가에 물봉선이 반긴다.

물결 따라 쿨럭이는 저수지
하늘빛, 물빛, 새소리
산이 들어앉았다.

양털 구름 넘실대는 하늘가,
고춧대 잠자리 눈알 굴리고
영근 박 사이 넝쿨 너머로 노각 익으면
가을이 기웃거린다.

산바람이 분다.
여름내 뙤약볕과 씨름하다 떨어지는 노란 잎사귀
손 위에 올려보니
모진 풍파 견디느라 성한 곳 없구나.

나목의 계절

잎을 내려놓은 나무는
바삭이는 가랑잎 밟고
하늘을 닮아간다.

말을 잃은 앙상한 가지에
바람이 다가와
사연을 묻는다.

푸르름을 기억한 가지는
홀로 주머니에 들어가
온기를 아낀다.

나목은 울지 않는다.
오로지 버티는 법을
온몸으로 연습할 뿐,

흰 눈을 기다리는 침묵
굵어진 옹기에
희망의 봄이 숨을 고른다.

풀 베인 상처

풀물 들이는 오월,
토끼풀, 봉오리 올려
몽실몽실 피었다.

비둘기 찾아오고
추억 속의 꽃반지
행운의 네잎클로버.

어느날,
무자비한 살육이 시작되고
말끔히도 잘려진 들판에
시큼한 냄새가 진동한다.

얼마나 아팠을까,
희망으로 피워낸 불씨 앞에
무자비한 공격.

잔혹한 참상
풀 베인 자리엔
아픔만이 가득하다.

2부

풍경이 머문 자리

인생의 황혼에 보석처럼 반짝이며
사랑이라는 이름으로 반짝반짝 빛난다.

내 집 마련

수풀 속의 다정한 원앙, 짝짓기하고
나뭇가지 넘나들며 보금자리 찾는다.

딱딱,
까막딱따구리 집 짓는 소리에
마음은 분주하고
간신히 찾아든 자리
독수리에 머리털 뜯겨가며 새끼 품었다.

털북숭이 자라 이소하는 날,
첫째, 둘째, 막내 무사히
호숫가에 내려서고

깃털만 가득한 빈자리
벌이 날아들어
목청 한가득 채우면

어슬렁거리던 곰이
벌집을 비워낸다.

어느새 다가온 동고새 한 마리
날개 퍼덕이며 기웃거린다.

사랑의 열쇠

보고 있어도
곁에 있어도
그립던 그 사람

산새, 들새 증인되어
영원한 사랑
하트 자물쇠 잠갔다.

새순 돋아 낙엽 지고
모진 풍파 견디며
어느새 반백 년.

빛바랜 하트 변함없지만
애틋한 마음 녹이 슬었다.

잘못 잠갔나,
풀려도 열리지 않아
종일을 잠그고 풀고 앉았다.

북극성

어둠, 한 사발 퍼 올리니
하늘 국자 일곱별
밤바다에 흐른다.

길을 묻고
바람을 재고
세월을 헤아린다.

울음 삼키고
웃음 건져
소원 하나 매달면

노란 별 반짝이며
어둠 밝히고
길잡이 하는 별.

은하수 건너
북두 국자 기울이니
내일이 따라온다.

조약돌

산에서 데굴데굴
둘러온 돌덩이

도랑물 만나
말간 세수 하고

돌돌돌,
냇물 따라 자갈돌 되었네.

뭉게구름 쉬어가는 하늘가,
노린 햇살 춤추는 강가에
동그란 맨돌맨돌한 납작한 조약돌

퐁, 퐁퐁
멱감는 벌거숭이 아이
소망 실어 멀리 날아라
삼단, 물수제비 뜬다.

찰랑이는 강물에 아롱지는
빛나는 하얀 조약돌

보석인 양, 해맑은 얼굴로
세상 시름 잊고 들여다보고 앉았다.

모자

빨간 딸기 모자 쓰고
방싯방싯 웃던 아기

양털 구름 떠 가면
유치원 모자 쓰고
풍선 잡고 들판을 달렸네.

긴 생머리, 잘록한 허리
시스루 원피스 입고 나풀대며
바닷가 거닐던 챙 모자는
빛나는 젊은 날의 청춘

한여름 땡볕 막아주고
비바람 가려주는
고마운 등산 모자는
중년의 지킴이었네.

젊은 날의 화려함도
굽은 등의 땀방울도
너는 늘 함께였지.

고단한 삶의 무게
그늘이 되고
세월의 흔적 새겨진 벙거지

오늘도
슬며시 눌러쓰고
산책길에 나선다.

클로버 금팔찌

가녀린 손목에
클로버 금팔찌
반짝, 빛난다.

정년 마무리 잘하고
뒤안길 돌아보며
번지는 미소.

달려오느라, 수고 많았다고
사느라, 고생했다고
여기 있어, 감사하다고

소소한 일상
건강, 사랑, 행복 꾸러미 응원하며
오늘도,
싱긋 웃는다.

늦깎이

이른 아침, 수영강 누비는 철새
물수제비 뜨느라 요란법석 하다.

찬바람에 옷깃 여미고
강가길 걷노라면
여기저기 소곤대는 아우성

길가의 수양버들 지쳐 늘어지고
흔들리는 코스모스 사이로
철지난 금계국이 얼굴 쏘옥 내민다.

보라색 수레국화, 하얀 메밀꽃
늦깎이 꽃들이 모여 사는 화원에
까치는 목청 돋운다.

늦은들 어떠리,
지각이면 좀 어떠리,
쉬어간들 어떠하리
찬바람에 볼 비비며 피어나는
늦깎이 꽃송이들.

산수유나무

빨간 열매
가지 끝에 매달려
겨울로 가는 길목을 붙잡는다.

노란 말, 건네던 꽃잎
잎새도 떠나고
홀연히 조용해진 가지에
찾아온 새 한 마리

찬바람 일면
못다한 사연
가을 햇살에 눠이고

열매는 홀로 남아
묵묵히 계절을 지킨다.

가랑잎

바스락,
오솔길에 내려앉아
발길에 차이는 가랑잎

길 떠날 채비하고
숨죽이며 산바람 기다린다.

바람에 날려
언 땅에 납작 엎드려
온기 나누며 소곤대는 가랑잎

고마운 햇살과 바람 그리며
희망의 불씨 담는다.

나이 든다는 것은

가로수 고운 옷 갈아입고
바람 따라 떠날 채비 한다.

털머위 튼실히 꽃대 올려
노랗게 꽃 피우고
발갛게 물든 단풍 마디마다
여름의 흔적 별처럼 박혀있다.

꿈같은 시간 흘러
머리엔 희끗희끗한 잔설 내리고
섬세한 손끝에서 번지는 선율

가을밤에 듣는
애절한 트럼펫 소리

발밑에 뒹구는 낙엽은
바스락대며 지난 일들 얘기한다.

인생의 황금기

앞만 보고 달리다 멈춰선 길
돌아보니 어느새 중년

잔주름 가득한
거울 속의 나를 보네.

몽블랑 금빛 봉우리
해 뜨는 장관에 울컥하고
마터호른 비췻빛에 흔들리는 만년설

손톱만 한 야생화가
안갯속을 뚫고 말간 얼굴 내밀면
덩달아 초원을 누빈다.

어디선가 들려오는 목우벨 소리
하염없이 몰려드는 안개
펼쳐지는 장관에
맘껏 누려보는 자유다.

보석 같은 사람들

시월의 마지막 밤
잔잔한 여운이 흐르는 고운 홀
오카리나 연주회가 있다.

화사한 봄의 여신
노란 개나리
몽환의 핑크뮬리
무채색으로 빛나는
에코, 드림, 어진샘, 파크팀
선생님의 "목소리를 위한 협주곡"이 흐른다.

눈 침침하고
무릎, 허리는 아프지만
손놀림 조금 어눌해도
최선을 다하는 마음 따뜻한 사람들.

인생의 황혼에
보석처럼 반짝이며
사랑이라는 이름으로
반짝반짝 빛난다.

다크니스 품바

어둠이 몸을 사리고
숨결마저 서리인 양 내려앉는다.

어허, 품바가 잘도 논다,
음절 하나가 바닥을 기며
무언의 몸짓을 휘감는다.

웃음은 접히고
울음은 꺼지지 않고 묵언 중이다.

묻는다,
왜 여기냐고,
어째서 혼자냐고

묻지 않고,
대답하지 않으며
사라지는 연기처럼

다크니스 품바는
버텨낸 삶의 흔적이었다.

승무

초록 숲에 흰 이팝나무
고봉밥 올리고
영축산 사자바위 하품하면
지천에 야생화 깨어나네.

사뿐한 코 버선 신고
하얀 고깔 쓰고
장삼은 길어 합장한다.

왼손은 하늘 향하고
오른손은 땅을 가리켜
우주에 고하면

산이 움직이는 듯
낮게 오므려 날개 죽지 펴는 학
휘모리장단으로 만물을 깨우니

내 안의 숨은 고요
발끝에 모으고
장삼 자락 하늘로 솟구치니
하얀 연꽃으로 피어나네.

둥둥, 북소리
장경각 뜰 앞마당,
고래도 춤춘다.

달항아리

흰 구름 넘실대는 쨍한 날
사마현의 이마리시 도자기 마을을 찾았다.

높고 험준한 봉우리, 요새로 둘러싸인 마을 입구
노란 햇살이 춤을 춘다.
개천이 흐르는 다리에는
청잣빛 도자기가 즐비하고
수국만이 흐드러지게 피었다.

해운대 문화원에서 주최한
문학 역사 탐방단과 함께하는
[비요]의 작가, 강남주와 함께하는 시간,
다리 건너 낮은 산자락, 슬픈 역사의 현장은
지장보살을 머리에 이고 곤하게 잠든
이름 모를 수백 기의 "도공의 묘"가 있다.

임진년, 멀지도 않은 이국땅에 끌려와
요새에 갇혀 모진 고초 당하며
오직, 도자기만을 구워야 했던 도공들
도공의 묘에 눈시울 뜨겁게 햇살이 녹아내린다.

얼마나 목말랐을까,
일행은 고국에서 가져온 노란 찻잔에
차를 따르며 묵념을 올렸다.

고향의 푸른 하늘과 식솔을 그리며
흙을 찾아내고 유약을 입혀 만든
혼신의 달항아리
달항아리에 스며든 도공의 혼은
그립고 서러운 달빛에 아내의 치마폭을 연상하며
둥글게 빚어 이음새를 이었다.

비워내고, 내려놓으니
더 깊어진 고요와 침묵
달항아리는 세상의 무게를 담아
역사를 비워내고 있었다.

그대, 어디로 가는가

동명성당 마당에 하얗게 부서지는
오월의 눈부신 햇살
모란꽃에 둘러싸인 성모마리아상을 뒤로하고
수변 길을 걷는다.

초록 물에 감겨드는 찔레꽃 향기
꽃창포가 줄지어 반겨주는 호수 위로
꽃모자 쓴 이들이 걸어간다.

초록 햇살 어깨에 두르고
팔공산 자락 오솔길 접어들면
훅, 전해오는 여름의 향기.

담쟁이 햇살 받아 반짝이고
통통하고 매끈매끈한 잎새가
키 재기 하는 초록 숲엔
깨죽 나무꽃들이 조롱조롱 매달려 산다.

어제 내린 비로 폭포를 이루는 계곡물
호젓한 오솔길로 이어지는 숲속
참나를 찾아 자연과 하나 되는 시간이다.

돌다리 건너 마을 어귀 돌아들면
등 뒤로 쏟아지는 따끈따끈한 햇살,
흙냄새 맡으며
휘적휘적 원당 공소, 가산산성, 진만성 오르는 길
습도와 햇살에 발걸음이 무겁다.

자연에 묻혀 깨닫는 진리와 용서의 길
눈은 따갑고 갈증에 허덕 일제
마을 보호수 아래 흐르는 생명수,
지친 육신 뉘이며 올려다 본 하늘은
무심한 구름만 흐른다.

3부

기억의 저편

쏟아지는 달빛 안고 종종걸음치던 당신
새벽 창가에 달빛 머물면 문득, 생각납니다.

합죽선

땡볕에 물든 반나절
대청마루 위에 합죽선 하나

고운 한지에 겹겹이 포개진
야무진 대나무 살은 선비의 절개로다.

차르륵, 부챗살 펼치면
정갈한 바람 일어 푸른 소나무 춤추고
한 폭의 수채화가 너울진다.

바람 제켜 한숨 돌리면, 그리운 골짜기 숲이 되고
살짝 떨구어 그리움 담으면
나비의 날갯짓으로 하늘을 품는다.

접었다 펴면, 굽이진 인생길 흐르고
바람결에 실려 온 소소한 행복
손끝에 묻어나면

대숲에 서걱이는 서늘한 기운
철썩이는 바닷가
민어의 부레 울음소리 들린다.

울타리

당산나무 지나 신작로 따라
마을 어귀에 들어서면
파란 슬래브지붕 둘러싼
소담스러운 측백나무 울타리

무더위 늘어지고
하얀 눈꽃 피어도
앞마당 든든히 지켜주는 담장 있어
울 밑은 포근하고 따뜻하였네.

멍석에 빨간 고추 익어가고
뜨락에 봉숭아, 백일홍 곱게 물들면
짙게 드리운 그늘진 자리
땅따먹기, 사방치기, 고무줄놀이에 하루해가 저물었네.

촘촘한 가지에 햇살 돋고
포르르, 작은 새 날아들면
보슬보슬한 연한 잎사귀
손끝에 쓸려오고

별빛 머금은
통통한 별사탕 열매 맺어
푸른 꿈 엮어 주었네.

오늘처럼,
매미 소리 요란한 날이면
세월의 흔적 가득한
고향집 울타리 그립다.

백설기

뒤란, 사립문 옆
수돗가에 불려놓은 멥쌀
동생 생일인가,

방앗간에서 빻아 온 쌀가루
고운 채에 곱게 내리면
소복소복 하얀 눈이 쌓인다.

장작불 지펴 떡시루 올리고
솔가지 위에 삼베포 깔아
살살 펴서 앉힌다.

밀가루 반죽 떼어 새어나는 김 막으면
말랑하고 쫀득한 귀한 떡.

수수경단, 팥시루떡 좋지만
하얀 백설기가 제일이다.

엄마 닮은 떡
그리운 당신 생각에
한입 더 베어 물었다.

고사리

안개비 부슬부슬 내리면
뒷산, 비탈길 고사리
한 뼘씩 자란다.

단비 먹고 쑥쑥 올라
뽀얀 솜털 달고
아기 손처럼 토실토실하다.

장작불, 무쇠솥에 삶아
멍석에 널면
햇살이 꼬들꼬들 말린다.

들기름 넣고 들들 볶으면
쫄깃하고 아삭한 식감
산에 나는 소고기

봄비 내리면,
새벽안개 헤치고 보따리 풀던
어머니 생각 절로 난다.

하지

별빛 속삭임 안고
보랏빛 감자꽃이 피었다.

뻐꾸기 울어대는 여름날
분내 나는 하얀 감자와 쫀득한 옹심이
거무튀튀한 감자떡

솥단지 한가득 김이 나면
냉수 한 바가지 벌컥, 들이켜며
머릿수건 툭툭 털던 어머니

비 오는 날은
"공 치는 날이라고"
툇마루 수북하던 주먹만 한 햇감자

놋숟가락으로 박박 긁어 강판에 갈아
감자전 부쳐내면
너도, 나도 달려들어 한입에 꿀꺽

부슬부슬 장맛비 내리면
두런두런 분주하던
고향집 그립다.

동지 팥죽

쟁반에서 굴러 내린
하얀 새알심,
뭉근한 팥물에 길을 잃는다.

어둠을 밀어내듯
천천히 숨 고르고
동글동글 떠 올라
안부를 묻는다.

동지섣달 기나긴 밤
냄비째로 꽁꽁 얼어 있는 팥죽
화롯불에 데워먹던
따뜻한 유년의 기억 떠올라

얼음 띄운 동치미 곁들여
겨울을 마신다.

오월의 편지

빨간 줄장미 울타리 넘고
햇살 머금은 담쟁이, 담벼락 넘으면
뜨락에 고운 백일홍 심으셨네.

밭일하랴, 봄볕에 그을려 까매진 얼굴
머릿수건 툭툭 털고 솥단지 만질 때면
은은한 찔레꽃 향기

지천에 꽃단지,
풀꽃반지 매듭지어 마루에 걸터앉으면
얼레빗 곱게 내려
양 갈래머리 땋아 주셨네.

오월의 햇살은 눈부시고
밭이랑에 조팝나무 하얗게 피면
영원한 내 편, 살가운 당신

모진 풍파 한세월,
야위어 가냘픈 어깨
속절없이 힘겨웠던 날들

어느새, 바람은 초록을 굴리고
봉분에 핀 할미꽃은 시들어
백발만 나부낀다.

달빛

동지섣달 기나긴 밤
칼바람 매서워도
달빛은 밝기만 하다.

자작나무 바둑이 눈을 하고
눈꽃 피우면
하얀 머릿수건 덮어
함지박 이고 오셨네.

살얼음 쨍한 개울가
징검다리 건너

쏟아지는 달빛 안고
종종걸음치던 당신

새벽 창가에 달빛 머물면
문득, 생각납니다.

밥솥

흰 멥쌀이 자랑한다.
여주 들판이 최고라고
지리산 검정 찹쌀
고향 생각에 까맣게 애가 타고

수수쌀, 참새와 숨바꼭질 놀이
시무룩해지면
서리태는 콩깍지 시절 그리워
까만 눈알 굴린다.

물 건너온 파로
장거리 여행 신나서
보따리 풀면

밥솥은 시끄러워
들들 볶아대다가
방귀 한번 거하게 뀌고
신나게 노래 부른다.

운동화 한 짝

엄마가 생일에 사준 파란 운동화
학교에서 돌아오면 흙부터 털었다.
바둑이 물어갈까, 툇마루 올려놓고

뒷산 뻐꾸기 한나절 울어대던 날
바윗돌에 가지런히 얹어놓고
동무들과 실컷 놀았다.

집에 오려니, 없어진 운동화 한 짝
고개 돌려보니
저만치, 시냇물에 둥둥 떠가는 신발
울며 따라갔지만, 냇물이 더 빨랐다.

꿈길에,
냇물 따라서 가는 파란 운동화
나도 냅다, 소리치며 내달리고
둥둥둥, 떠가며 잡힐 듯 말듯
며칠을 낑낑대며 쫓아갔다.

포근한 운동화

누런 알곡이 영그는 들녘
논두렁 콩알, 두런두런 속삭이고
통통한 고마리 반기는 숲길
포근한 운동화 신고 걷는다.

계곡물 넘치는 산길
밤송이 떨어져 알밤 구르면
환호하던 아이들 웃음소리
추억 저편에 시선 머문다.

코스모스 둑길 따라 일렁이는 미소
함께 걷는 듬직한 발걸음
발끝에 전해오는 온기
운동화를 안겨준 아들

가을 흠뻑 머금은 걸음마다
사랑의 여정은 이어진다.

주름진 손

거울 속 낯선 이 보듯
한참을 들여다본다.

시간의 강물이 흐르고
사랑의 파도가 새겨진
메마른 손등

아픈 이, 어루만지고
아이들 보금자리 감싸며
온기 녹아든 손가락

굽어진 마디마다 사연의 흔적
손끝에 베인 상처
거친 피부는 지나온 삶의 무게였네.

울퉁불퉁한 인생길에
손등은 고무줄투성이지만
묵묵히 지탱해 준
고마운 손

어둠 속 등불처럼
강인한 사랑으로 숨 쉬고 있다.

바다

반짝이는 윤슬이
푸른 바다에 눕는다.

넘실대는 파도는
하얀 수염 기침 토하고
차르륵, 차르륵
몽돌 굴린다.

저 멀리
그리움 띄우면
조각배 될까,

심연 깊이 내리면
눈먼 심해어 될까.

출렁이는 물결
자궁 닮은 바다
바다는 말이 없다.

벤치에 누워

수영강 한바퀴 돌아
마무리 스트레칭
벤치에 누워 하늘을 본다.

소슬바람에
팔랑이던 나뭇잎이
노랗게 떨고 있다.

꽃모자 눌러쓰고
그늘 드리우던 아름드리 벚나무
어느새
듬성듬성 머리 비웠다.

흐르는 하얀 구름
뒤쫓는 까만 구름
계절이 돌아눕는다.

막국수 체험

붉은 수염 옥수수 익어가고
추적추적 빗소리 잦아들면
마을 어귀 굴뚝, 무럭무럭 희뿌연 연기는
하늘 높은 줄 모른다.

산골의 서늘한 바람 맺힌
거친 메밀묵 가루에
더운물 익반죽하여 꾸덕꾸덕해지면
주물럭, 조물락, 탁탁 치니
질기고 찰진 반죽 되네.

아궁이에 지핀 장작불은 넘실대며
무쇠솥 달구고
국수틀에 매달린 남정네들
울퉁불퉁 팔근육 자랑한다.

어여차, 힘껏 당기면
뽑아져 내리는 국숫발
끓는 물 속에 풍덩 빠져
길게 탱탱하게 눕는다.

냉수에 건져 올려 돌돌 말아
인심 좋게 소분해 채바구니에 걸러
놋그릇에 담고

들기름, 깨소금 팍팍 넣고
육수 넣어 한 젓가락 뜨니
두말없는 제대로 된 맛이어라

어스름 저녁 왁자지껄
정다운 막국수 체험

어릴 적,
눈 비비며 얼음 동치미 띄워 먹던
고향의 맛이다.

발톱 깎기

넓적한 마당발에 무지외반증
엄지발가락을 선두로 노리탱탱한 발톱이
찡그리며 고약하다고 인상을 쓴다.

엄지는 두꺼워져 골 바위 오르고
둘째는 노랗게 바스러지고
셋째는 핏대 세우며
넷째는 하늘로 솟구친다.
마지막 새끼는 짜부라져 형태마저 가물하다.

흙 마당 가로질러 맨발투성이
슬리퍼에 검정 고무신
학교 가는 날이나 제대로 된 신발을 신었던가

커질 대로 커진 왕발
자유분방한 마당발
꽁꽁 언 맨땅도 두렵지 않았네.

동상 걸려 밤새 가렵고
이불속에 벌겋게 아려도
양푼 대야에 쑥물 담가 꼼지락이 다였다.

빨간 구두 욕심내다 뒤꿈치 까이고
새끼발톱 짓눌려 찌그러져도
쇼윈도 비춰가며 버티었네.

흰 유니폼에 하얀 나비 구두
딱딱하고 힘겨웠지만
살피지 못하고 무시해 버렸지.

세월지나 내려다본 발가락과 발톱
치열한 삶의 흔적이구나,
주인 잘 못 만나 원망 많이 하였겠다.
미안하고 안타까워 영양제 발라주고 감싸안았다.

바람 든다

전나무 눈꽃 피고
문풍지 떨리면
얼음장 깨지는 소리

외할머니는 곰방대 물고
화롯불 뒤적이며
어깨에 바람 든다 하셨네.

가래떡 노릇노릇 익어가고
군고구마, 군밤 구수한 옛날얘기
두툼한 솜이불 둘러쓰고
바람 든다 하셨네.

시린 어깨 되어보니
머리 끄떡이는 바람든다는 말

나무도 잎을 내려놓고
침묵 속에 고요한 데
내 어깨도
시린 바람이 든다.

도서관에서

유리창 너머로
투덕투덕 정겨운 빗소리
함지박만 한 수국이 입을 벌린다.

따스한 커피향
잔잔한 멜로디
책장 넘기는 소리

빗방울 소리에
머리 개운하고
전개되는 줄거리
열정의 주인공이 달려간다.

다정한 우산 속 연인
펼쳐지는 이야기

비가 오면,
몽글몽글 사랑도 피어난다.

4부

낮은 곳으로

침묵의 벽에 새겨진 못다 핀 청춘
숨죽여 내리는 바람에 흰 국화만이 향기를 뿜어낸다.

산딸나무

추적추적 내리는 가을비
호거산 자욱이 운무 걸리면
운문사 도량 촉촉이 젖어든다.

솔바람, 스산이 불어와
기와 돌담 은행잎 소복이 쌓이면
발간 산딸, 비에 젖어 노래하네.

나풀나풀 하얀 꽃잎, 나비인 양 내려앉고
열매 맺어 산새 찾아들면
청정도량 깊은 마음 잎사귀로 불태우네.

방울진 빗방울 돌계단 흐르고
맑은 울림, 참나를 찾아
자연과 하나가 되는 시간

산딸나무 곱게 물들면
비에 젖어 아롱진 단풍
견줄이 없어라.

땅뫼산

바람불어 좋은 날,
아홉산, 회동 저수지를 돌아든다.

철새와 청둥오리 수놓은
윤슬이 반짝이는 호수는
산이 들어앉았다.

어깨에 물길 두르고
물빛, 산빛 감기는 산길
모래톱이 물결 따라 쿨럭인다.

정자에 스미는 갈대의 밀어
노란 황토가 반기는 오솔길
삼삼오오 걷는 사람들.

편백나무는 짙은 향 내뿜고
황톳빛 진흙이 보드라운
맨발 걷기로 소문난 땅뫼산.

테크길 지나 대나무 숲에 이르면
부엉산 접어든다.

청도 적천사

골짜기 물소리
솔 향기 따라 돌계단 구르고
햇살은 말없이 내려앉아
바람 소리 비껴간다.

굽이굽이 오르는 산길
마중 나온 차량에
동자 웃음꽃 피었네.

트럭 위로 올라탄 보살님들
덜컹덜컹, 엉덩방아에 웃음 공양
적천의 골바람 적시 운다.

수령, 팔백 년 된 은행나무 두 그루
고운 옷 벗고 찬 서리 맞으며
뿌리 깊은 옹기로 식솔 거느려 반겨주네.

부처님 전 인사하고 탑돌이
낮은 걸음 세 바퀴 돌아드니
번뇌는 사라지고
청아한 풍경 소리 들린다.

송정 옛길

윤슬이 반짝이는 바다.
구 송정역 따라 길게 누운 해변 기찻길
철썩이는 파도를 어깨에 두르고
청사포 다릿길에서 옆길로 새치기하면
달맞이 숲속으로 이어진다.

동해와 남해가 만나는 바다.
말 달리는 파도는 흰 포말 일으키고
속절없이 달려드는 파도에
바위는 까맣게 멍이 들었다.

숨을 고르며 해월정海月亭 오르면
마음을 비추는 달,
님 그리는 달,
밤바다를 비추는 달이 뜬다.

발아래 굽어보니
철길 위로 둥둥 떠 가는 스카이캡슐
해변 따라 달리는 해변열차
파도 소리 들리는 달맞이 길 있으니
이 얼마나 멋진 풍광이더냐.

환경공단 뒷길로 돌아들면,
메타세쿼이아 고흐의 산책길
억새가 춤추는 산길엔
노란 마타하리가, 개미취가 하얗게 웃는다.

처녀, 총각의 인연을 맺어준
나지막한 정상에는
누런 황소가 송아지와 함께
와우산을 지키고 있다.

옛이야기가 흐르는 송정 옛길
푸른 바다는 파노라마처럼 펼쳐지며
철길 따라 흐른다.

보경호에 띄운 꽃

무풍한송길에 불어오는 솔바람
햇살 머금어 살랑이면
통도천은 물소리로 화답하네.

기와지붕 정겨운 돌담 지나
메밀밭 가는 길
나무 향 배어 있는 데크 오르면
청정한 공기와 계곡물 소리
꽃향기 타고 흐른다.

성파 종정 스님의 손끝에서 피어난
이백 편의 옻칠 회화 작품이 도열한 보경호
산빛, 물빛 어우러져
메밀꽃 향기 출렁이며
잔잔한 여운이 감돈다.

경계 없는 물 위의 전시장
옻칠 회화는 바람과 빛에 몸을 맡기고
억압과 소유에서 벗어나
물결에 몸을 뉘인다.

후드득, 떨어지는 빗줄기
엄숙한 장관 지켜보다
스르륵, 손길 멈추고
합장하는 머리 위로
빗방울만 톡톡.

시절 인연 도래한 보경호는
영축산 가득 품어
보배 거울 되었다.

천년의 미소

옥색 품은 넓은 바다
남산에 내려앉고

세월의 강을 건너
기와지붕 수막새에 녹아든
온화한 얼굴,
오똑하니 심기 어린 콧대
광대뼈 선명하다.

바람의 노래
별빛 속삭임 되어
세파에 물든 저녁놀

샐족한 입술에 번진
소박한 자애로운 미소는.
천년의 약속,
존재의 이유,
서라벌에 피어난 꽃

은혜의 기도를 넘어
잔잔한 울림을 준다.

* 수막새; 신라 사찰 건물의 기와 끝을 장식하던 평형기와, 중앙에 사람의 얼굴을 새겨넣었다.

감은사지 삼층석탑

짙은 녹음에 둘러싸인 감은사지
천년의 숨결 안고 정적만이 흐른다.

각고의 세월,
들고 나는 풍파에 고목은 고개 떨구고
푸른 잔디와 토끼풀이
금당, 삼 층 석탑을 감싼다.

하늘 높은 철주는 신라의 기상
가지런한 석탑의 가람배치는
호국 불토 기원하는 대왕의 염원이어라.

대종천은 말없이 흐르고
죽어도 변치 않는 지고지순한 사랑
용이 되어 맴돈다.

불빛 머금은 쌍둥이 삼 층 석탑
지금도, 살아있는
신라인의 패기와 기상이다.

문무대왕 수중릉

물안개 자욱한 바다
흰 수염 토해내는 파도
부딪치는 물결에 몽돌이 구른다.

동해의 거센 파도
우뚝 선 다섯 개의 담대한 바위
하얀 갈매기 모여들고
대왕의 기개 거침없다.

말 달리는 파도
애달픈 혼은
서슬 퍼런 용이 되어
영혼을 불사르네.

옥허리띠 두르고
만파식적萬波息笛 들려오면
잔잔한 바다는 대종천 거슬러
감은사지 휘감을까.

대왕의 높은 덕망
노심초사하며 바다를 잠재운다.

황룡사지

추적추적 내리는 가을비
안개에 둘러싸인 남산

황룡사지 드넓은 벌판은
선덕여왕의 숨결이 흐른다.

원효가 화엄경을 전하던 보궁전 자리
웅장하던 철주를 밟고
신라 천 년을 가늠하며
바윗돌 따뜻한 혈류를 안아본다.

위상과 기상이 깃든 심장부
벽돌처럼 쌓아 올린 모전석탑
사천왕사 인왕상과 용맹한 사자상

고요를 깨는 삼룡반야정三龍伴夜政 우물은
애국의 파문이 인다.

분황사의 중심 법당 보광전
금동 약사여래불은 역사를 간직하고
드넓은 황룡사지는 초석만 남아있다.

청산도

단단한 어깨, 섬으로 두르고
부챗살 펴는 구름 떼
하늘 바다 맞잡고 부서지는 햇살 아래
전복은 꿈을 키운다.

구불구불 언덕길
청보리, 유채꽃 따라
아리랑 가락 흐르면
범바위, 솔향 살랑이며
푸른 물결 호령하네.

초가지붕 추녀 끝에 맴도는 자장가
부뚜막 논 비탈
검은 돌담은 바람을 가두고
맨드라미 빨간 볼 어루만진다.

오늘도
푸른 섬의 파도는
느림의 미학을 전해준다.

도성암에서

눈부신 햇살
살랑이는 바람결
세상은 초록이다.

임금 왕자가 들어있는 비슬산毗瑟山
장엄만 천왕봉 아래
도통 바위 우뚝하다.

나이테 드러낸 도성 나무
억겁의 세월 전하고
비파와 거문고 소리 잔잔한 도량
일연선사의 나지막한 음성 듣는다.

귀하고 아름다운 인연법
말 없는 이심전심
우주를 초월한 우정

날줄과 씨줄이 엮이듯
민중의 삶과 애환 담은
건국 신화, 삼국유사

스님은, 자연에 배우라 하고
초심을 잃지 말라 당부하신다.

내원사 감나무

천성산 품에 안겨
산그늘 드리운 내원사

기와 담장 따라
알록달록한 소원 등불이
바람결에 떨고 있다.

묵언수행 중인 감나무
가지마다 불심 담아
영롱하고 동글게 빚었구나.

감꽃으로 피어나
녹음 그늘 내어주고
참았던 밀어는 주홍빛에 담아
계절을 담아낸다.

달디단 서리맞은 홍시
한 입 베어 무니
달다 못해 눈물이 난다.

사리암 가는 길

운문사 돌아
사리암 가는 길

속살 드러낸 나뭇가지 휑하고
찬서리 맞은 소나무 등걸 두껍다.

굽이진 비탈길
솔바람 내려와
등허리 쓸어주고

돌계단 오르면
낮아지는 걸음
발아래 산그림자 드리운다.

천팔 계단 올라서니
하늘 열리고
댕그랑 풍경 소리
번뇌는 연기처럼 흩어진다.

부산포 뮤지컬

가로수 고운 옷 입고 들썩이는 거리
영화의 전당, 야외무대.

거친 바다에 출렁이는 부산포
왜구는 백성을 도륙 내며
피비린내 나는 전쟁을 시작한다.

의병이 선봉에 나서고
걷잡을 수 없는 소용돌이
객석과 배우가 하나 되어
치열했던 장면이 연출된다.

길을 비켜 줄 수 없으니
나를 먼저 밟고 지나가라는 송상헌 장군
드디어 거북선 출몰 하니
용머리 위풍당당 이순신이여.

가자, 가자
일어서는 의기
백성을 목숨처럼 사랑한
성웅 이순신의 부산포 승리.

수상한 시국에
경주 엑스포가 열리고
해운대 나루 마루 정상회의

깊어 가는 시월의 밤
펄럭이는 깃발에
그날의 함성은 이어진다.

유엔묘지

노란 햇살 춤추는 유엔묘지
줄지어 늘어선 메타세쿼이아 길에
하얀 침묵이 내린다.

낮은 분수, 옹알이하며 흐르는
무명용사의 길
어린 용사의 밀어가
가쁜 숨을 몰아쉰다.

침묵의 벽에 새겨진
못다 핀 청춘
숨죽여 내리는 바람에
흰 국화만이 향기를 뿜어낸다.

해마다 이어지는
11월 11일 11시
추모행사로 이어지는 포 소리
지축을 흔들어
잠시나마 영혼을 깨운다.

아직도,
지구 저편에는
수많은 학살과 희생이 이어지고
전쟁은 멈추질 않는다.

평화라는 이름으로
잠들어 있는 묘비 앞에
희생과 넋을 기리며 묵념 올린다.

| 해설 |

식물성 이미지와 유년의 자락

정영자 | 문학평론가, 한국문인협회 고문,
국제펜 한국본부 고문

차가운 날씨에 바람까지 불며 출항하던 어선이 방파제 안에서 멈춰 있다. 부산의 오늘은 꽁꽁 얼었다. 그래도 시를 읽고 시를 쓰는 사람들은 호호 입김을 불며 차를 마시고 마음과 몸을 따뜻하게 데운다. 충만한 그 무엇이 울컥울컥 그리움과 기다림을 펼 때 우리들 시의 탁상은 반들거린다.

시를 살고 시를 읽으며 시의 소통을 위한 시간들이 새삼 고마운 시절 인연에 엄희순 시인은 해운대 마린시티의 우리들 문화교육원을 찾았다. 그는 초등학교 모범생의 시간을 펼쳐 갔다. 아픈 사람들의 치료와 간병을 위한 간호사의 천직을 평생으로 수행하다가 어느덧 정년을 맞아 제2의 인생 첫발을 우리들 여성문학의 집으로 찾아온 것이다. 그리고 모범생의 역할과 태도가 무엇인가를 조용하게 보여주었다. 열심이었다. 협회의 회

원이 되고 물소리 시극단 단원과 합창단원으로서 그의 삶은 새로운 전환을 하게 된다. 그가 택한 시공간이 해운대를 돌며 새로운 만남과 소통으로 그는 어려운 승무를 함께 추는 휘 나래의 숭고함을 이루어 내고 있었다. 신선하고 감동적인 순간이었다. 전문가의 지도로 승무의 날개춤을 돌릴 때 그의 무심한 표정에도 엷게 빛나던 미소를 볼 수 있어서 고마웠다. 시 창작반 수업에도 빠짐없이 숙제를 해오면서 기꺼이 우리가 되어가는 모습은 나이팅게일의 선서 못지않은 신성미가 있었다.

중학교를 마치고 고향 강원도 홍천을 떠나 부산으로 온 그는 이제 부산 사람으로 살고 있다.

대동대 간호학과와 인제대학교 대학원 사회복지학과를 졸업하고 국립 병원에서 간호사로서 역할을 한 후 2024년 문학계간지『여기』겨울호로 시인으로 등단하고, 2025년『여기』봄호로 수필가로 등단하였다. 시와 산문을 아우르는 공부를 하면서 역사와 문화에 대한 관심과 여행을 좋아하는 생활에 더 활력을 줄 수 있는 최소한의 기반을 다진 것이다.

이제 그 동안의 시를 모아 첫시집『패랭이 연가』를 상재한다고 한다.

그는 시집 서문에 있는 시인의 말에서 화려하지는 않지만 작고 조용한 패랭이꽃에 대한 소감을 밝히고 있다.

“패랭이꽃은 화려하지는 않지만,
바람과 햇살이 머무는 자리에 피어납니다.
그 작고 조용한 꽃 앞에 잠시 서성입니다.
사랑은 꺾이지 않는 마음입니다.

지나간 것은 그리움이 되고
그리움은 한편의 시가 되었습니다.”

낮고 겸손한 창작의 소견을 말하고 있다. 그의 삶이나 지향하는 꽃의 의미도 소박하고 진솔한 낮고 작은 것으로 발아한다.

그의 시는 식물성 이미지의 특성과 유년과 전통음식 속에서의 그리움을 노래하며 자연의 소담한 현장에서 성찰하며 부부애를 새삼 조용하게 터치하며 고결한 인성의 바탕을 까는 신중한 시의 표현을 차용하고 있다. 조용하지만 따뜻한 삶의 언저리에 작은 발자국의 울림을 들을 수 있는 단단한 문장을 구사하고 있다.

1. 식물성 이미지의 차용과 창조

한 시인이나 작가의 작품 전체를 통하여 반복적으로 드러나는 이미지 패턴이나 이미지군은 원형적 이미지까지 포괄한다. 엄희순 시인의 시에서는 풋풋한 식물성의 담담하고 조용한 생명의 찬탄이 담긴 이미지가 독특

한 향기를 자아내며 분위기를 깔고 있다.

산바람 스쳐 가는 낮은 언덕에
고운 입술 하나 열렸네.

작고 단단하여
바람에 흔들려도
꺾이지 않는 미소

한점으로 피어난 작은 꽃잎
햇살보다 먼저 깨어나고
들꽃 사이로 숨는다.

손톱만 한 꽃송이
낮게 속삭이며
사랑은,
사라지지 않는 거라고

인생은 바람같이
잡으려 하면 멀어지고
잊으려 하면 향기로 남는다고.

— <패랭이 연가> 전문

패랭이꽃은 화려하거나 부산한 모습의 꽃이 아니다. 꽃의 모양이 옛날 민초들이 쓰던 모자인 패랭이를 닮아서 이런 이름이 붙여졌으며, 문학작품에서도 소시민을 패랭이꽃에 비유한다. 산허리, 바위 틈과 같이 메마르고 척박한 곳에서도 싹을 틔우고 아름다운 꽃을 피워 한민족에게 사랑을 듬뿍 받아온 꽃이다. 꽃은 6-8월에 피며 꽃들은 꽃받침 부분이 질기고 튼튼한 편이어서 강인한 생태계를 가진다.

시인은 식물성 이미지의 소박한 꽃의 이미지를 '고운 입술 하나 열렸네'로 표현하여도 에로틱한 분위기보다 '바람 흔들려도 꺾이지 않는 미소'로 연약한 패랭이꽃의 강인함을 형상화하고 있다. 손톱만 한 꽃송이의 의인화, "사랑은,/ 사라지지 않는 거라고" 향기로 남는 사랑의 원형을 말하고 있다. 맑고 투명하되 화려한 수식이나 이미지의 상승 등을 원용하지 않고 낮은 바위 언덕에 야생화들의 무더기 속에 자신만의 이미지를 나타내는 시적 표현은 성공적인 시창작의 가능성을 시사하고 있다.

잎을 내려놓은 나무는
바삭이는 가랑잎 밟고
하늘을 닮아간다.

말을 잃은 앙상한 가지에
바람이 다가와
사연을 묻는다.

푸르름을 기억한 가지는
홀로 주머니에 들어가

온기를 아낀다.

나목은 울지 않는다.
오로지 버티는 법을
온몸으로 연습할 뿐,

흰 눈을 기다리는 침묵
굵어진 옹기에
희망의 봄이 숨을 고른다.

— <나목의 계절> 전문

잎을 내려 놓은 겨울나무는 하늘을 닮아간다는 군더더기를 버린 절제를 보여준다. 나목은 푸르름을 기억하며 나무가지의 주머니에 들어가 온기를 아낄 뿐 "울지 않는다/오로지 버티는 법을 /온몸으로 연습할 뿐 "이라고 노래한다. 나목의 의연한 모습과 작은 온기를 아끼며 넉넉하게 봄을 기다리는 희망을 노래하고 있다. 따뜻한 나목의 분위기를 만나는 봄의 서막을 형상화한 능숙한 풍경의 창조이다

2. 유년과 전통음식

문인으로 데뷔한 후 몇 년 동안 대부분의 시인, 수필가, 소설가들은 자신의 머리와 가슴 속에 각인된 유년

의 추억을 소환한다. 아무리 객관성의 비젼을 제시하더라도 자신이 가진 조촐한 유년의 분위기와 익숙한 것에 대하여 표현하고자 한다. 필자는 그 몇 년을 그냥 쓰도록 권장한다. 자신이 가장 친숙하게 잘 아는 분야, 사무치는 그리움의 샘물을 다 퍼내고 나서야 비로소 세상과 역사를 바라보는 객관성과 합리성을 주목하게 된다. 엄희순 시인은 유독 그 유년의 집과 고향에서 음식을 매개로 한 시 창작이 많다. 잃어져 가는 전통 깃법의 음식에서 형제애와 부모, 그리고 고향의 구수한 분위기를 표현한 것이다.

뒤란, 사립문 옆
수돗가에 불려놓은 멥쌀
동생 생일인가,

방앗간에서 빻아 온 쌀가루
고운 채에 곱게 내리면
소복소복 하얀 눈이 쌓인다.

장작불 지펴 떡시루 올리고
솔가지 위에 삼베포 깔아
살살 펴서 앉힌다.

밀가루 반죽 떼어 새어나는 김 막으면
말랑하고 쫀득한 귀한 떡.

수수경단, 팥시루떡 좋지만
하얀 백설기가 제일이다.

엄마 닮은 떡
그리운 당신 생각에
한입 더 베어 물었다.

— <백설기> 전문

'백설기'는 아이들 생일 때 자주하던 쌀가루로 만든 떡이다. 젊은 시절 외국여행을 떠날 때 많은 견과루나 여러 가지 잡곡을 넣은 떡은 오래 보관되지 않았다. 하얀 쌀로 만든 백설기 떡은 변하지 않고 배고픔을 막아주었던 간식이었다. 우리 조상들의 슬기로운 떡사랑은 서양의 빵보다 훨씬 가치 있었다. 시인은 〈백설기〉 한 편으로 백설기가 떡시루에서 만들어지고 있는 과정을 촘촘하게 영상으로 보여주듯 파노라마 깃법으로 표현하고 있다.

안개비 부슬부슬 내리면
뒷산, 비탈길 고사리
한 뼘씩 자란다.

단비 먹고 쑥쑥 올라
뽀얀 솜털 달고
아기 손처럼 토실토실하다.

장작불, 무쇠솥에 삶아
멍석에 널면
햇살이 꼬들꼬들 말린다.

들기름 넣고 들들 볶으면
쫄깃하고 아삭한 식감
산에 나는 소고기

봄비 내리면,
새벽안개 헤치고 보따리 풀던
어머니 생각 절로 난다.

— <고사리> 전문

〈백설기〉와 〈고사리〉, 〈하지〉의 감자떡과 감자전 등이 미각 이미지를 고조시키고 있다. 맛의 원형은 오래 남는다. 유년의 고향 집에서 이루어진 이러한 음식 메뉴는 이제 그 이미지마저 사라질지도 모를 일이다. 그래서 여성 시인으로서 음식에 대한 객관적 상관물을 원용하여 사랑과 추억을 엮어가는 것, 또한 중요한 우리들의 문화이다.

넓적한 마당발에 무지외반증
엄지발가락을 선두로 노리탱탱한 발톱이
찡그리며 고약하다고 인상을 쓴다.

엄지는 두꺼워져 골 바위 오르고
둘째는 노랗게 바스러지고
셋째는 핏대 세우며
넷째는 하늘로 솟구친다.
마지막 새끼는 짜부라져 형태마저 가물하다.

흙 마당 가로질러 맨발투성이
슬리퍼에 검정 고무신
학교 가는 날이나 제대로 된 신발을 신었던가

커질 대로 커진 왕발
자유분방한 마당발
꽁꽁 언 맨땅도 두렵지 않았네.

동상 걸려 밤새 가렵고
이불속에 벌겋게 아려도
양푼 대야에 쑥물 담가 꼼지락이 다였다.

빨간 구두 욕심내다 뒤꿈치 까이고
새끼발톱 짓눌려 찌그러져도
쇼윈도 비춰가며 버티었네.

흰 유니폼에 하얀 나비 구두
딱딱하고 힘겨웠지만
살피지 못하고 무시해 버렸지.

세월지나 내려다본 발가락과 발톱
치열한 삶의 흔적이구나,
주인 잘 못 만나 원망 많이 하였겠다.
미안하고 안타까워 영양제 발라주고 감싸안았다.

— <발톱 깎기> 전문

'발'은 몸을 지켜내는 기둥이다. 두꺼워져 바위같고, 노랗게 바스러지고, 하늘 바라듯 솟구치고, 짜부러져 비틀어진 새끼발가락 등 다섯 발가락을 자세히 묘사하고 있다. 왕발에 마당발이 된 못생기고 동상에 걸린 발에 대한 기억과 직업인으로서 구두를 신으며 딱딱한 발을 더욱 고통 속으로 몰아넣어 이제는 돌이킬 수 없는 발의 상처를 바라보며 지난한 세월의 아픔을 영양제 바르며 위로하고 있는 자족적 성찰에 이른다. 치열하게 살아온 시간의 여정에서 발의 버팀목은 결국 자기 신체의 훼손이었지만 그러한 삶의 통과제의를 통하여 단단하게 삶의 중심을 잡아 온 삶이었다. 자족적 위안의 서사로 구성되어 있는 시이다.

한탄하지 않고 더구나 청승 떨지 않고 고요히 현재를 품는 그의 따뜻한 삶의 태도는 신중하다. 한과 슬픔의 흔적을 궁상스럽게 까발리는 것이 아니라 지나온 시간을 반추하는 여유와 감사도 함께 공유하는 형상화는 오히려 독자들의 주목을 받게 되는 것이다

보고 있어도
곁에 있어도
그립던 그 사람

산새, 들새 증인되어
영원한 사랑
하트 자물쇠 잠갔다.

새순 돋아 낙엽 지고
모진 풍파 견디며
어느새 반백 년.

빛바랜 하트 변함없지만
애틋한 마음 녹이 슬었다.

잘못 잠갔나,
풀려도 열리지 않아
종일을 잠그고 풀고 앉았다.

— <사랑의 열쇠> 전문

부부의 오랜 사랑과 신뢰를 노래하는데 절제된 언어와 서정을 만난다.

"보고 있어도/곁에 있어도/그립던 그 사람"과의 사랑은 산새와 들새들이 증인이 되어 하트 자물쇠를 잠그며 시작된 자연 속의 순수한 만남이었다. 사랑의 과정을 단 두연으로 요약했다. 모진 풍파를 견딘 부부의 50여년은 녹슨 열쇠를 풀려고 잠그고 다시 푸는 애달픈 세월을 형상화하며 명소에 걸쳐진 사랑의 열쇠는 녹이 쓸어도 부부의 사랑은 영원하다는 이중적 의미를 고양시킨다. 일상적인 부부 사랑이 아니라 젊은 시절의 유행성 사랑의 열쇠를 통하여 세월은 녹을 슬게 만들었어도 모든 풍파를 견뎌낸 부부의 사랑은 오히려 맑고 담담한 세월의 강을 만들어 간 것이다.

새 들이 증인이 되어 이루어진 자연에서 만들어진 사랑의 의미는 엄희순 시인의 자연관이 그대로 나타나는 시적 취향이다. 〈조약돌〉 역시 자연 속에서 만들어진 작고 작은 돌이 계곡을 구르고 냇물 속을 구르며 맨들맨들 납작한 돌이 되어 물수제비를 삼단으로 뜨며 날아가는 광경은 유년의 꿈이었지만 지금도 맑게 씻은 하얀 돌은 보석이 되어 소중한 것이다. 이와같은 긍정적이고 역동적인 시적 표현은 물과 강이 나타나도 너무나 조용한 이미지로 파장을 남긴다.

산에서 데굴데굴
둘러온 돌덩이

도랑물 만나
말간 세수 하고

돌돌돌,
냇물 따라 자갈돌 되었네.

뭉게구름 쉬어가는 하늘가,
노린 햇살 춤추는 강가에
동그란 맨돌맨돌한 납작한 조약돌

퐁, 퐁퐁
멱감는 벌거숭이 아이
소망 실어 멀리 날아라
삼단, 물수제비 뜬다.

찰랑이는 강물에 아롱지는
빛나는 하얀 조약돌

보석인 양, 해맑은 얼굴로
세상 시름 잊고 들여다보고 앉았다.

— <조약돌> 전문

시인은 시집의 표지 뒷면에 다음과 같이 걸으면서 배우고 성찰한 사랑을, 패랭이꽃처럼 크지 않지만 오래 남아 그리움으로 꽃핀 연서戀書처럼 시를 쓴 소회를 밝혔다.

"이 시집은 걸으면서 배운 사랑이다.
계절이 바뀌는 순간마다
마음은 조금씩 낮아지고
그 자리에 시가 피어났다.
패랭이꽃처럼,

사랑은 크지 않으나 오래 남았다.
지나간 시간은 그리움이 되어
한 권의 연서戀書가 되었다."

시인 엄희순이 지향한 사랑은 패랭이꽃 같은 작지만 오래 남는 그리움이라는 것을 이해하게 될 것이다.

이 겨울 독자들에게 한 송이씩 올리는 패랭이꽃과 함께 나날이 소박하지만 따뜻하게 남은 생 꽃피우기를 바란다.

패랭이 연가

초판1쇄 발행 2026년 1월 30일

지은이 엄희순
펴낸이 이길안
펴낸곳 세종출판사

주소 부산광역시 중구 흑교로 71번길 12 (보수동2가)
전화 463－5898, 253－2213~5
팩스 248－4880
전자우편 sjpl5898@daum.net
출판등록 제02-01-96

ISBN 979-11-5979-851-1 03810

정가 12,000원